꼰성배

기찬 날

애지시선 027
기찬 날

2009년 7월 10일 초판 1쇄 발행

지은이 표성배
펴낸이 윤영진
기 획 유용주 이정록 손세실리아
편 집 함순례
디자인 함광일 이경훈
홍 보 한천규
펴낸곳 도서출판 애지
등록 제 2005-5호
주소 300-170 대전광역시 동구 삼성동 125-2 4층
전화 042 637 9942
팩스 042 635 9941
전자우편 ejiweb@hanmail.net

ⓒ표성배 2009
ISBN 978-89-92219-21-1 03810

* 저자와의 협의에 의해 인지를 생략합니다
* 이 책 내용의 전부 또는 일부를 재사용하려면 저자와 애지 양측의
  동의를 받아야 합니다

예지시선 027

기찬 날

표성배 시집

□ 시인의 말

사람이든 꽃이든 새든

가만히 들여다보면 가엾지 않은 것이 없다.

이런 마음으로

천천히 다가갈 수 있기를……

지금까지 애써 그랬지만,

앞으로도 한결같기를 바랄뿐.

2009년 6월 표성배

차례

시인의 말 005

제1부

기찬 날 013
아버지 014
봄, 바다 015
살사리꽃 016
이때만 해도 017
망치의 노래 018
빗방울이 떨어진다 020
참 미안하다 022
흔한 일 023
싹쓸이 024
눈물만 납니다 025
점호點呼 026

컴프레서 울음소리 028
겉옷 030
공장을 팔아 쓴 시 032

제2부

입동立冬 035
꿈은 봄처럼 오리라 036
한 몸 038
노동자 연대기 040
정적靜寂 042
새들이 쓸쓸하다 043
테러리스트 044
그림자 047
밥 048
불빛 050
볼랑가 우짤랑가 051
곰곰 052
비정규직 054
역전의 용사 056
농사일 공장일 057

제3부

문턱 061
간판 062

이십일 세기 전태일　064
파업　066
내가 알고 있는 사실　067
지금은 무어라 쓸까　068
막장　070
고비　072
철탑 하늘길　074
부치지 못한 편지　076
깽판 굿판　078
슬그머니　080
으뜸 원숭이　081
퇴근 무렵　082

제4부

그의 등을 쓰다듬어 주었다　085
태풍　086
까맣게 몰랐던 것은　088
적막寂寞　089
일요일　090
고참古參과 신참新參　092
연차휴가　093
대보름달　094
소음성 난청　095
흥정　096

정은호　098
어둠도 때로는　099
숲　100
아련하다　103
찬란한 아침　104
가지런한 아름다운　105

해설 | 고봉준　107

제1부

기찬 날

햇볕 따뜻한 봄날 토요일 오전 일 마치고 퇴근하는 길 낡은 아반떼 승용차 한 대 마산 봉암 공단 해안 길을 씽씽 달리는데, 숭어 떼가 은빛 비늘 반짝이며 장단 맞추듯 숭숭 치솟는다

아버지

 이월이었다 일천구백칠십구 년 마산에는 눈 대신 비가 내렸다 빗속에 키 작은 한 소년이 공장에서 먹을 도시락을 들고, 책가방 든 아이들과 뒤섞여 시내버스를 기다리고 있었다 조금 떨어진 곳에서 시내버스를 기다리며 한참을 바라보던 중년의 사내가 가만히 우산을 내려쓰고 있었다

봄, 바다

 점심시간 십 분 전 도시락 데우는 일도 내가 하는 일 가운데 하나였다 보통 시다 중에서도 막내가 이 일을 담당했는데 타고난 소질이 있는 것은 아니지만, 이십여 개가 넘는 도시락을 적당하게 데우는 일은 아무도 날 따라 오지 못했다 서둘러 점심을 때우고 공장 모퉁이 돌아가면 파란 파도가 철썩이는 마산시 신포동 바닷가, 믿고 싶지 않는 일이지만 기술자 형들이 낚시를 던지기만 하면 도다리 같은 것이 걸려 올라왔는데 그 눈이 어찌나 말갛던지 파란 바다가 다 보이는 듯했다 나도 모르게 넋 놓고 보고 있으면 시간은 우째 그리 빠르던지…… 벌써 이십오 년이 훌쩍 지나갔다

살사리꽃*

무슨 말 해 주어야 할까

저 여린 한 줄기 삶이여

건듯 부는 바람에 온몸으로 맞서는

고된 노동이여!

누가 가는 허리 잡아 줄까

잡아 줄 수나 있을까

계절마저 변덕이 심해 몸은 이미 병들었는데

어머니는 늙고

아이 눈은 초롱초롱한데

* 살사리꽃은 코스모스의 순우리말이다.

이때만 해도

선반 경력 십 년
밀링 경력 십 년
연마 경력 십 년

이력서를 당당히 내밀던 때가 있었다
이때만 해도 사람이 기계를 돌렸다

사람이 기계를 돌릴 때만 해도
공장 화단에 핀 벚꽃은
내 마음 들뜨게 했고,

점심시간이면 그리운 이에게
분홍색 편지를 쓰기도 했다

망치의 노래

누가 피아노를 치고 있는가
세상 처음 소리처럼 맑아
마음이 다 녹아내리는

누가 바이올린을 켜고 있는가
몸을 부드럽게 쓰다듬어 주는
바람 같은

선율이란 나도 몰래 고개를 끄덕이게 하고
나도 몰래 다리를 흔들게 하고
나도 몰래 온몸에 활기를 넘치게 하는

선율이란 이런 것이라는 믿음

땅 땅 땅땅
따아앙 따아앙 따아아앙

내 몸이
나도 모르게 긴장에서 풀어지는
저 소리는
나의 피아노 소리
나의 바이올린 소리

빗방울이 떨어진다

툭 툭 빗방울이 떨어진다

반쯤 자르다 만 철판 위에 빗방울이 떨어진다
반쯤 용접하다 만 철판 위에 빗방울이 떨어진다
반쯤 굽히다 만 철판 위에 빗방울이 떨어진다
반쯤 얻어맞아 시퍼런 철판 위에 빗방울이 떨어진다

빗방울 소리 들으며 마음 가다듬어 보지만
반쯤 비우다 만 술잔에도 빗방울이 떨어진다
반쯤 비우다 만 밥그릇에도 빗방울이 떨어진다
반쯤 비우다 만 국그릇에도 빗방울이 떨어진다

반쯤 비우다 만 가슴 저 밑바닥에도
빗방울이 떨어진다

소리도 없이 온몸 적시는
깃발마저 기氣가 꺾이게 만드는 빗방울,

한 무리 노동자들 어깨 맞대고
빗방울과 빗방울 너머 장마 전선까지 툭 툭 발로 찬다
사실, 그들의 발길질은 언제나 헛발질이다
아무도 관심 가져 주지 않는 외침이다
그래도 놓아서는 안 될 동아줄이다

툭 툭
빗방울이 떨어진다
길게 누운 장마 전선이 뱀 등처럼 시퍼렇다

참 미안하다

비 갠 하늘이 참 파랗다

공장 야적장 바다 여기저기
발자국만 한 웅덩이에 빗물이 고여 있다

고인 물가에
잠자리 한 쌍 나란히 앉아 데이트 중이다

크르릉 크르릉 탱크 소리를 내며
트랜스포트*가 지나간다

참 미안하다

* 트랜스포트는 몇 십 톤에서 몇 백 톤의 중량물을 이동하는 중장비

흔한 일

비둘기 한 마리 날아들었다 잘리고 부러지고 깨어지기도 하는 공장

징잉 쿵 징잉 쿵 —

프레스 위에 앉았다 날았다 아찔아찔하다

싹쓸이

 우리 공장 그라인더공 반람씨는요 별명이 싹쓸이인데요 식판에 밥을 꾹꾹 눌러 고봉으로 푸고는요 게 눈 감추듯 비워 버리는데요 그 속도가 얼마나 빠르던지 내 입에 밥숟갈 몇 번 넣다 보면요 전혀 밥을 먹지 않은 사람처럼 멀뚱멀뚱거리는데요

 아무도 반람씨 밥 먹는 속도를 따라잡지 못하는 것처럼 그라인더 작업 솜씨는 어느 누구도 따라 가지 못하는데요 그가 칠 인치 고주파 그라인더로 작업 하고 나면 소나기 그친 하늘처럼 제품이 하도 반짝반짝 빛이 나서 지나는 사람마다 '오늘도 싹 쓸었구먼' 한 마디씩 던지면요 보안경 속에 감추어진 눈이 멀뚱멀뚱거리기만 하는데요

* '반람' 씨는 베트남에서 온 노동자다.

눈물만 납니다

꼭 쓰고 싶을 때 글 잘 쓰는 사람 보면 참 부럽습니다 꼭 노래하고 싶을 때 노래 잘 하는 사람 보면 참 부럽습니다

가접*해 놓은 파이프가 떨어져 협력업체 김 반장 다리가 부러졌을 때 글을 쓰고 싶었습니다 크레인 후크에 받혀 제관공 정 형 어깨가 깨졌을 때도 정말이지 슬픈 노랠 부르고 싶었습니다 축처진팔홍덩하게고인피덜덜떨고있는다리겁에질린눈동자……, 구급차가 달려와 부서진 몸뚱일 싣고 간 뒤에도 난 쓸 수가 없었습니다 노래 할 수가 없었습니다

꼭 써야만 할 때 꼭 노래해야만 할 때는 눈물만 납니다

* '가접'은 본 용접을 하기 전에 임시로 해 놓는 용접.

점호點呼

또, 아침
기계들은 단정히 앉아 있다
갓 제대한 사내처럼,
아침 점호가 아직 끝나지 않았다

완장을 찬 반장이 사열査閱을 한다
밤샘 작업 하고도
다시 장갑을 끼는 사내 두 눈엔
몰려오는 적군처럼 잠이 쏟아진다
졸면 죽는다
목숨이 위태로운 상황임을 누누이 강조하는
반장 입이 금붕어 마냥 뻐끔거린다

기계들은 여전히 단정히 앉아
어제와 오늘을 가늠하고 있다
안전 구호를 외치고 짝짝짝!
손뼉을 치자

구령처럼 일 시작 종소리에
기계들이 한꺼번에 벌떡 벌떡 일어선다

뚝 뚝 —
뼈마디 부딪히는 소리가 요란타

컴프레서 울음소리

컴프레서 소리를 들으면
엉엉 우는 것 같다

임팩트 꽁무니에 기름을 주입하듯
공기를 주입할 때는 꼭, 아파서 아파서
죽겠다는 소리를 낸다

간혹 아픔을 참듯 잠잠할 때도 있지만
살아 있다 살아 있다 소리치듯
스스로 아픈 소리를 내는 게 보통이다

사람도 가끔 혼자 빈 방에 남게 되면
누구 없소 누구 없소
소리치고 싶지 않겠는가

더구나 한 평도 안 되는 독방에 남게 되면
스스로 살아 있다 살아 있다 소리치지 않으면

죽은 것이나 마찬가지다

점심시간 픽픽 쓰러져 모자라는 잠을 청할 때
살아 있다 살아 있다
엉엉 울며 제 존재를 알리고 있는지 모른다

누군가 교도소 간수처럼 뛰어가
컴프레서 스위치를 꺼 버린다

조용하다

일할 때도 죽도록 하지만
쉴 때도 죽은 듯이 쉰다

겉옷

어둠을 등에 지고 골목을 들어서는 발걸음이 무거워 보인다 그러나 한 번도 진 짐의 무게에 대해 말 하는 걸 들어본 기억이 없다

어둠이 어깨를 짓눌러도 어둠 속에 가만히 몸을 세우는 것이 더 마음 편안하다는 것을 내가 알기까지는 꽤 긴 시간이 흐른 뒤였다

나는 짐짓 어둠을 거두어 갈 아침이 오기를 기다렸지만 사내는 아침보다 어둠의 끈을 잡고 놓지 않으려 몇 개비의 담배에 불을 붙이곤 했다 하지만 아침은 늘 동동거리며 왔고 나는 사내에게서 멀어져만 갔다

나는 저 사내를 잘 알고 있다

한 번도 골목을 벗어나 본 적 없는 사내, 내가 어둠 속에 서 있는 저 사내를 우연히 발견한 날 나는 어둠이 저 사내

의 겉옷 같다는 생각을 했다

 도시의 어둠이 사내의 어깨를 짓누르자 양 손과 두 발을 오그리고 어둠 속에서 조용한 저녁을 맞고 있는 저 사내, 저 사내의 겉옷을 오늘은 내가 걸치고는 가만히 불러본다

 아버지!

공장을 팔아 쓴 시

공장을 너무 많이 팔았다

내가 공장을 파는 것에 격려보다는 우려하는 사람이 더 많았지만, 나는 공장을 파는 것을 멈추지 않았다

내가 공장을 팔고 또 팔아도 사실 돈이 되지 않았다 돈이 되지 않는다는 걸 알고부터 그만둘까도 생각했으나, 내가 공장을 팔지 않으면 공장은 잊혀지고 말 거라는 두려움 같은 것이 내가 공장을 파는 것을 포기하지 못하게 했다

사실 내가 공장을 파는 까닭은 다른 데 있다 공장 안에서 기계를 돌리고 망치질 하는 그들, 그 애틋한 눈망울이 읽히지도 팔리지도 않는 공장 이야기지만 포기해서는 안 된다고 말하는 그들, 그들이 있어 나는 공장을 파는 일을 그만 둘 수가 없다

제2부

입동立冬

성한 곳 하나 없네

햇볕도 피해 가는 구석진 자리에 쪼그리고 앉은 안전화 한 짝, 살며시 다가가 쓰다듬으며 위안의 말 한 마디 건네자

우우 우우—

오히려 날 위로하네

꿈은 봄처럼 오리라

 육중한 쇳덩이들이 뿜어내는 숨소리 순간의 단절도 없이 돌아가는 기계들 꽃처럼 화려한 용접 불빛, 밤낮이 뒤바뀐 변함없는 삶, 십이월 마지막과 일월 첫날을 동시에 보내고 맞으며 나는 기대한다

 "올 한해 수고하셨습니다"라는 현수막에도 현수막을 수고스럽게 흔들고 지나는 바람에도 "미안합니다"라고 쓴 배달호 열사의 유언장에도 너와 내가 주고받는 위로의 술잔에도 잎 하나 없는 감나무 졸가리에도 국적이 다른 노동자들이 피곤에 지쳐 있는 기숙사에도 기숙사 창 밖으로 새어 나오는 꺼지지 않는 불빛 그 안쓰러움에도 산 자와 죽은 자를 함께 위로하는 가냘픈 촛불에도

 나의 꿈은 봄처럼 오리라

 높은 건물과 고급 승용차와 미녀와 포도주와 늦은 아침 따뜻한 식사와 끊임없이 유혹하는 텔레비전 속에서는 찾

을 수 없는, 나의 꿈은 봄처럼 오리라

* 배달호 노동 열사는 두산중공업노조 대의원이었고, 손배가 압류 해제와 해고자 복직을 유서에 남기고 2003년 1월 9일 분신 사망하였다.

한 몸

그가 배운 유일한 일은
쇠와 쇠를 붙이는 일인데
쇠와 쇠를 붙이는 일은 쇠와 한 몸이 되는 일인데
정작 자신은 어디에도 붙지를 못했다

한 점 불꽃이 화살처럼 가슴을 파고드는 날은
캄캄한 무덤 속을 거닐 듯
마지막 한 발을 어디에 놓을 것인가 고민하며
부르르 진저리 치기도 했던

그가 위 쇳덩이에서
아래 쇳덩이 위에 떨어져 눕자
위 쇳덩이와 아래 쇳덩이는
그가 불을 지펴 놓은 용접봉처럼
불꽃을 피우기 시작했다

그의 몸뚱이에서 흘러나온 피는

위 쇳덩이와 아래 쇳덩이에
혈관처럼 살아 꿈틀거리며
뼈가 된 용접봉을 타고 흘렀다

그와 쇳덩이는 비로소 한 몸이 되었다

그때서야
이미 그가 붙여 놓은 쇠와 쇠들이
상주처럼 엉엉 울기 시작했다

노동자 연대기

 프레스 해체 작업을 하다 왈칵 쏟아지는 피에 깜짝 놀랐다 이렇게 낡은 몸통 어디에 이리도 많은 피가 흐르고 있었을까? 오일 통을 뜯어내고 크랭크를 뜯어내자 나는 내 눈을 의심할 수밖에 없었다 까맣게 타들어 간 심장이 조용히 아주 조용히 뛰고 있었다 나는 내 심장 소리에 귀를 기울여 보다 기어 몇 개를 더 들어내고 기계 안을 들여다보았다

 속이 텅 비어 버린 본체 밑바닥에는 매니큐어를 바른 여자 손가락 손톱이 두꺼운 남자 손가락 아에 목장갑을 낀 손목과 피부색이 다른 손들이 서로서로 꼭 붙들고 있는 모습이 편안해 보여 오히려 장엄하기까지 했다

 잠시,

너무나 조용한 프레스 안을 더 이상 지켜 볼 수가 없었다 이런 몸으로 어떻게 몇 십 년을 견뎠을까? 얼마나 외치

고 싶었을까? 손에 든 공구를 살며시 내려놓고, 마음을 진정시키고자 담배에 불을 붙여 한 모금 삼키고는 프레스 앞에 가만히 놓아두었다

얼마나 지났을까 담배 연기를 따라 기계 속에서 걸어 나오는, 왼 손가락이었다 오른 손목이었다 반 밖에 남지 않은 손톱이었다 알아들을 수 없는 말들과 새까맣게 타 버린 심장들이 꿈틀꿈틀 걸어 나왔다

정적 靜寂

　하늘이 반쯤 내려앉았습니다 툭 치기만 해도 눈물 같은 비가 쏟아질 듯 팽팽한 날입니다

　지친 몸 실은 버스가 은행나무 가로수 사이 신호등 앞에 멈추었습니다 산 너머 비 소식이라도 들은 것일까 한무리 새 떼들이 무성한 은행잎 뒤로 민첩하게 몸을 숨깁니다

　나는 무작정 차창에 눈을 고정시킨 채 가로수 은행나무 잎 뒤에 웅크리고 있을 새 떼들과 금방 쏟아져 덮칠 것 같은 비 사이를 가늠해 보았습니다

　골목으로 골목으로 백골단에게 쫓기다 더 이상 갈 곳 없어 돌아섰을 때, 그들과 우리 사이에 흐르던 정적처럼

새들이 쓸쓸하다

  창원 정우 상가 앞 인도를 가득 메운 사람들, 사람들 머리 위에는 군데군데 깃털이 빠진 볼품없는 날개를 가진 새들이 앉아 있다

  한 번도 나는 것을 본 적 없는 저 새들, 새들 속에 나도 오랫동안 앉아 꿈을 꾸었다

  한 번만이라도 날아 보자! 날개를 퍼덕일 때마다 빠진 깃털이 여기 저기 나뒹군다 거의 남아 있지 않는 내 깃털도 그때부터 빠지기 시작했다

  한때 하늘을 날자며 몸보다 큰 날개를 서로서로 달아 주었으나, 날개가 너무 무겁다는 것을 아무도 가르쳐 주지 않았다

테러리스트

일요일 저녁
복면覆面한 사내가 텔레비전을 점령했다

가족 곁으로 돌아가고 싶다는
짧은 성명서를 발표했는데
전파를 타고 흐르는 말은 어눌했으며
한쪽 어깨가 유난히 처져 보였다

아이들도 아내도 늙은 아비도
밥상을 앞에 두고 말이 없다

처음으로 내가 누구인지를
깨닫는 것이
두려운 미래 앞에 서는 일임을
나는 잘 알고 있다

아이들이 무척 어른스러워 보이고

아내는 생각보다 젊어 보인다
당당함을 잃지 않으려는 아비의 모습이 안쓰럽다
온 가족이 밥상 앞에 앉았으면서도
말을 줄이는 것은
순전히 테러리스트 때문이다

테러리스트를 보는 순간
나는 텔레비전을 점령하고 싶어
사내의 복면을 하나하나 벗기기 시작했다
순하디 순한 얼굴이 나타났다 사라지고
내가 대신 복면을 한 채
텔레비전을 점령하고 있었다

내 아이도 아내도 늙은 아비도
내가 텔레비전을 점령하고 있다는 사실을
아는지 모르는 지
밥을 먹는 데만 열중했다

정작 내가 두려운 것은
아이들과 아내와 늙은 아비가
한 끼 밥을 위해서는
언제든지 테러리스트가 될 수 있다는 사실을
모르는 일이다

그림자

날마다 공장에 출근하면서도 나는 공장에 없다

공장과 공장 사이에 그림자처럼 머물다 되돌아 갈 뿐, 공장 안에 쉬이 마음 하나 내려놓지 못하는 것은 여태까지 한 몸이 되어 본 적 없기 때문이다 조였다 쓸모가 없어지면 폐기되는 나사처럼, 오늘도 누군가 공장 안으로 들어오고 또 누군가 밖으로 밀려난다

공장 밖이 광고판처럼 빛날수록 안은 그만큼 어두웠고, 나사가 풀어지고 다시 조여질 때마다 관절 마디마디는 어긋나기만 했다 오늘도 어김없이 그림자는 제자리를 지켰고, 공장은 제 혼자 몸집을 불리고 이마가 빛났다

사실, 단 하루도 출근하지 않은 적 없지만 나는, 출근한 적도 없다

밥

내가 내 시詩에 대해 말할 때는
언제나 산맥처럼 당당했다
아니, 당당한 척 했는지 모른다

사실, 사십이 되기 전에는 내 시는 나의 밥이었다
알맞게 간이 된 국이었고
젓가락이 자주 가는 반찬이었고
따뜻한 숭늉이었다
내 밥에는 노동자들 머리띠가 붉게 빛이 났고
망치 소리는 경쾌했으며, 팔뚝은 우람했고
가슴은 넓었다

내 밥에서 몸을 웅크리고 있는
선반 가공 경력, 밀링 가공 경력, 용접 경력을
우연히 마주치기 전까지는 그랬다

당당했던 내 밥이 이력서에서도 자꾸 작아지더니
언제부턴가 현관문을 열고 닫을 때도

스스로 열 수가 없었고
아이들 학적부 귀퉁이를 차지한
부모 직업란에서도 꼬리를 감추었다

내 밥이 눈에 보이지 않게 될 때쯤
믿었던 친구들도 금기禁忌처럼 묻지 않고
오히려 위로를 건넸다

내가 내 밥을 먹지 못하게 되자
몸은 갈수록 야위어졌고,
마음은 불안했다
그때서야 나는 내 밥의 출발점을 다시 생각하게 되었다
오랫동안 한쪽 구석에 먼지를 뒤집어쓰고 있는
낡은 가방을 생각하게 된 것도 그때쯤이었다
조심스레 가방을 찾아 열어 보니
가방 한쪽 귀퉁이에 귀가 닳은
『전태일 평전』이 웅크리고 있었다

불빛

똑바로 볼 수 없다

저 불빛,

용접면을 쓰고 바라보면 저리도 반짝, 빛나는 것을

희망도 저런 불빛인지 모른다

어둠 속 저 밑바닥에서 쳐다보아야만

더욱 절실하게 다가서는

한 점 불빛,

똑바로 눈 한번 마주친 적 없지만

한 번도 놓아 버린 적 없는

볼랑가 우짤랑가

 거제보다는 그래도 여가 낫찌예? 요새 온통 날린데, 공장은 우째 괜찬습미꺼? 월급은 잘 나오고 예? 여 저 다들 말이 아인데, 그래도 다행임미더

 자고 나봐야 알제 누가 아나 그걸. 그기사 그러치 마는 너거는 우떤노. 하기사 너거라꼬 벨 수 이껜나 마는 그런끼네 내가 알기로 아마 구팔 년인가? 법정 관리 드러가고 월급도 몬 바꼬 그래쌔 니 말마따나 쪼깨 나술라 칸끼네 또 퇴출이라 카데. 참, 마누라 보기 주껏더마는 니도 그러체. 하기야 새끼들 보마 더하고 똑 머새 홀린 거 맨치로 자 자 한 잔하고 고마 일나자

 그래마 담에 또 보입시더 볼랑가 우짤랑가

곰곰

 공장 문을 닫을 지도 모른다는 소문이 퍼지자 저녁노을이 앞날을 예고하고 있다 맥박이 빨라진 내 심장은 내내 물 짐 지기에 바빴던 버드나무 뿌리처럼 쉬지 않고 달렸노라 머리띠를 묶어 보지만 이미 늦었다는 것을 잘 안다 하루치 기도를 서녘 하늘에 새기던 버드나무 가지들도 나처럼 곰곰 생각해 보는지 모른다

 마지막 파업에 대해
 마냥 따뜻했던 햇볕의 깊이에 대해
 귓가에 속삭이던 바람의 속도에 대해

 나는 달아나는 시간을 잡아끌다 놓으며, 한 번도 생각해 본 적 없는 문을 닫는다는 의미에 대해 곰곰, 언제부터 스스로 잎을 떨어내 겨울을 준비해 왔는지 모르는 버드나무의 하루에 대해 곰곰, 밥을 굶는다는 것이 얼마나 큰 두려움인가를 생각해 보지 않았던 지난 시간에 대해 곰곰,

곰곰, 생각해 보면 잠시 붉게 뜨거워졌던 서녘 하늘처럼, 어둠 앞에서는 한 발짝도 움직일 수 없다는 것이 오히려 마음 편안해지고 한 생을 마감하듯 버드나무도, 버드나무 위 까치도, 맥박이 빨라졌던 내 심장도, 서녘 하늘처럼 잠시 안도하는 것이다

비정규직

너무 추워 춥다는 말도 어떤 손짓도 하지 못했다 밤 내내

맨 몸으로 서서, 겨울을 건너는 은행나무를 한참 올려다보았을 뿐이다

내 겨울은 은행나무와는 달리 봄이 와도 별반 다를 것 같지 않다는 생각에 저절로 고개가 숙여졌다

옷을 다 벗고도 당당한 은행나무 가지들이 가만히 나를 감싸 주었다

나는 이대로 아침이 오지 않기를 간절히 기도해 보았다 그러나 내 기도는 늘 그렇듯 어디에도 통하지 않았다

어두운 새벽길을 나서며 두 손을 호주머니에 찔러 넣고는 지난밤을 잊어버리려 애썼다

그러나 이파리 하나 없이도 저렇게 당당한 은행나무 길로 나는 쉽게 걸어 들어가지 못했다

 내 이마에는 주홍 글씨가 반짝 빛나고 내가 어찌할 수 없는 길이 반듯할 뿐이다

역전의 용사

 치솟는 굴뚝 연기들이 착검한 채 하늘 밑구멍을 찔러대는 이른 아침, 예비군 훈련장에서 들려오는 구령 소리와 공장에서 들려오는 체조 음악을 들으며 늙은 미루나무 한 그루를 통째로 깔고 앉은 비둘기 한 마리 부스스 눈을 뜬다 총알이 비껴간 자리일까 녹슨 철모를 비스듬히 눌러쓰고는 노래에 따라 두 날개를 펴다 그만 접는다

 왼쪽은 공장, 오른쪽은 예비군 훈련장이다 예비군 훈련장과 공장은 단순하게 닮았다 평화를 바라는 마음은 늘 한쪽에서만 유용하다 또한, 내 몸이 기거起居하는 동안은 하나, 둘, 셋, 넷, 둘둘, 셋넷, 규칙에 따라야 한다 어제의 용사는 간데없고 무료한 하루를 등짐처럼 지고 예비군 훈련장과 공장 사이에 늦은 아침이 무지개처럼 걸려 있다

농사일 공장일

 절기節氣에 맞추어 땅 갈고 씨 뿌려 열매 거두는 농사일에 견주면, 공장일이라는 것에 무슨 정성이 들어갈까 싶기도 하겠지만, 한 몇 십 년 공장 문턱 넘나들다 보면 눈에 보이는 것들마다 애틋하지 않는 것 하나 없다

 해마다 꽃 피우지만 실한 열매하나 제대로 맺지 못하는 화단 모퉁이 모과나무들이야 늘 볼 때마다 애처롭고, 하루라도 손닿지 않으면 벌겋게 녹슬고 마는 공구들이야 낫이나 호미처럼 늘 붙어 다니니 수족과도 같고, 야외 쉼터는 누구네 제사고 돌이고 시집가는 소문들이 떠다니니 누구나 한 번쯤 슬쩍 엉덩이를 걸치면 일어서기 아쉬운 여름날 정자나무 그늘 같다

 사실 공장일이라는 것이 눈만 뜨면 쪼르르 달려와 어제와 똑 같은 일을 되풀이하는 것만 빼면, 농사일에 견줄까 싶다가도 그리 썩 탐탁지 않은 까닭을 곱씹어 보는 것인데……

제3부

문턱

무슨 경계가 문턱도 없다니
한 번도 수심에 찬 얼굴 본 적 없다
극락왕생極樂往生이라도 한 것일까
시끌벅적 술판이야 문턱 밖이나 매한가지
화투판에 펄펄나는 천 원짜리야
돌아돌아 문턱 밖으로 터벅터벅 걸어 나가겠지만
그래, 강제로라도 수고로운 짐 벗어버린 몸뚱이는
마디마디 단단하게 제자리 잡았는지 몰라
영문도 모르는 어린 상주는 동자승童子僧처럼 해맑아
문턱 밖을 갸웃거리고
동료들 우르르 몰려와서는
애석타 눈물 흘리기 전에 술잔부터 채운다
그래, 자네나 나나
언제 저 문턱을 넘어 이 자리에 올지 아무도 모른다
경계를 지운 문턱이 턱 없이 낮아
오히려 정답기만 하다

간판

길 건너 간판 집 간판이 어둡다
자세히 보니 간판 집 간판이 말이 아니다

사실 내 간판도 말이 아니다

열다섯 살부터 이력이 붙은
용접이나 선반 가공 경력이 뚜렷한 내 간판은
연필로 쓴 이력서보다
손바닥이나 손등에 난 상처 자국이
말해 주는데

간판 집 간판은
내 손등에 난 상처 자국보다
바람에 긁힌 자국이 더 선명하여
보면 볼수록 등이 굽은 아버지 같다
손등이 마른 장작 같은 어머니 같다
나이 사십 중반에 한숨을 달고 사는

내 누님 같다
공장에서 돌아와도 웃음이 없는
내 아내 같다가
변변찮은 간판을 속옷 주머니에 넣고
공장 정문을 서성이는 사내 같다가……

아무리 생각해도
간판 집 간판은 말이 아니다

이십일 세기 전태일

악몽이다
눈에 밟힌다 불꽃을 내뿜던,

분명 점심시간에도 그랬다
몸은 잔디밭에 누웠는데
마음은 용접을 하고 있었다
내가 나를 의심했지만
사실이었다

일진이 좋지 않다
잔업을 취소하고 퇴근을 하는데
용접기가 따라 온다
용접 불꽃이 발광을 한다

무슨 꿈이라도 꾸는 것일까?
두 눈 씩씩 비비며 대문을 여는 순간
집안에서도 웅웅거린다

징징거린다
눈을 감아도 귀를 막아도 소용없다
악몽이다

오늘, 생산량을 채우지 못하고 퇴근한 것이
자꾸 눈에 밟힌다

파업

바람 불자 벚꽃 잎들
우수수 —
떨어졌다

일제히 망치를 내려놓듯

내가 알고 있는 사실
— 김주익

처마 끝 비둘기 한 마리 날아오르자 공장 지붕 위 단정하던 하루가 헝클어지고, 땀에 절은 작업복 상의가 물먹은 빨래처럼 공장 바닥에 늘어져 있다

양손으로 햇볕을 가리고 한참을 그렇게 타워크레인을 올려다보았다

한번 날아올랐다 제자리로 돌아온 비둘기는 한 마리도 없다는 사실을 이미 잘 알고 있지만, 비둘기가 날아간 파란 하늘 저쪽, 반짝 빛나는 타워크레인에서 나는 눈을 뗄 수가 없다

* 김주익 노동열사는 한진중공업노조 지회장이었고, 노동탄압에 맞서 129일 동안 타워크레인 위에서 농성하다 2003년 10월 17일 사망하였다.

지금은 무어라 쓸까

 기계 앞에 서서 힘부터 주는 놈은 아직 멀었다 살살 쓰다듬듯 쥐는 놈은 여유가 있는 놈이다 무슨 심사가 뒤틀리기라도 하면 화부터 내는 놈도 있다 그놈한테 견주면 좀 났다

 한여름 선풍기 대가리를 제 몸통에만 처박아 놓고도 덥다고 난리 피우는 놈에 견줄까 누가 뭐래도 마음이 긴장되는 때는 갓 입사한 귀티 새파란 것들이 두려움도 없이 덤빌 때다 그러고 보면 나도 첫 출근한 날 두근두근 가슴 졸인 기억, 잔업 마치고 돌아와 무어라 써 보냈던가

 엄니 저 취직했어요
 열심히 한번 댕겨 볼랍니다
 지 걱정일랑 하지 말고 엄니 몸이나 잘 챙기시고……

 지금이야 살살 다루어야 되는지 팍팍 다루어야 되는지 손금처럼 훤하다 이 공장 저 공장 몇 십 년 다니다 보면

그게 그것 같아도 다 다른데, 내 몸도 그때그때 따라 달라지는데, 자꾸 처음으로 돌아가라 한다 처음으로 다시 돌아가면 무어라 쓸까 두근두근 가슴은 뛸까

  애들아 아빠 공장은 까딱없다 걱정하지 말고
  열심히 공부만 하라고?

막장

 그냥 돌아서기 몇 번인지 모른다

 다가가도 아는 체도 안 하는데, 한참을 그렇게 쪼그리고 앉아 기계 소리만 들었다 용접봉 녹이는 소리만 들었다 저 불꽃 참 징하기만 한데, 나도 따라 한참을 쪼그리고 앉아서는 꼬박꼬박 졸기만 했다

 단 하루라도 할 일이 없다는 것은 얼마나 불안하고 가슴 조일까 한 번도 맘 편히 쉬어 본 적 없으니 알 수가 없는 일이다 갑자기 할 일이 없다는 것은 참 심심하고 두려울 것만 같은데……

 저기 고철장 지붕 밑 민들레 한 송이 피어 하늘거리고 비둘기 한 쌍 한가로이 먹이를 쪼는 아니아니 가만히 왔다 가는 햇살이 다 눈에 보이다니

 기계를 돌리고 용접봉을 녹이는 일 외엔 아무것도 눈에

들어오지도 않았는데, 고개 들어 하늘 볼 생각도 안했는데

  하늘이 푸르고요
  별이 반짝이고요
  내 가슴은 뛰고요

고비

야간 일은 안 맞단다
늘 모자라는 잠이 일내겠단다
항상 새벽 두 시가 고비란다

제대하고 잡은 첫 직장
주야 맞교대,
한 이십 년 뺑뺑이 쳤으면 몸에 익을 만도 한데
새벽 두 시만 생각하면 눈치고 좆이고 없단다
아무리 손을 꼽아도
새벽 두 시를 수월찮게 넘겨 본 기억이
가물가물 하단다

오죽하면 별명이 새벽 두 시일까
새벽 두 시에는 선녀를 보고도 졸거라며
졸면서도 거시기는 세워야 안 되겠냐며
농반 웃고 넘긴 일 한두 번 아닌데

졸다 떨어져
산재병원 중환자실에
자는 듯 누워 있는 김 형
고비란다, 새벽 두 시가

철탑 하늘길

생수 두 병 달랑 옆구리에 차고
보기에도 아찔한 수십 미터를 오른다
후들거리는 다리를 진정시키며
한 발 한 발 오른다

올랐다 쉽게 내려 온 적
한 번도 없는 그 길, 순번처럼 오른다
누군가 먼저 걸어 간 길
선택의 여지가 없는 길
올라갈 때는 스스로 올라도
내려 올 때는 스스로 내려 올 수 없는
그 길을 오른다
이 길이 두려운 길이지만
내 차례가 됐을 뿐이다

그 길은 아무리 걸어도
꽃 한 송이 볼 수 없고

나무 한 그루 없는
새 한 마리 날지 않고
따뜻이 잡아 줄 손 하나 없는
아이들 학비도 노후 보장도 부모님 생계마저
잠시 잠깐 잊혀지는

철탑 하늘길,
오늘은 내가 오르지만
내일은 당신 차례가 될지 아무도 모른다

부치지 못한 편지

망치를 잡았던 손에 연필을 쥔다

손이 떨린다 아이들과 아내 얼굴이 떠오르고 아버지 굽은 등이 더 굽어보인다 어머니는 며칠 사이 퍽이나 주름살이 늘었다

손에 땀이 난다

여보!
그러고 보니 당신과 편안한 여행 한번 하지 못했소

애들아!
너희들과 숲길 한번 조용히 걸어본 적 없었구나

단 한번이라도
'어머니' 하고
가만히 불러 보지 못했다

처음이자 마지막으로 보내는
나의 긴 호흡이다

깽판 굿판

오! 저런저런
가지런했던 언덕이 봉두난발蓬頭亂髮이다
번쩍이는 저 칼날 좀 보아

슬슬 가슴을 헤집는 놈
바짓가랑이 비집고 파고드는 놈
두 눈 콕 콕 찌르는 놈
획획 목을 감아 치는 저 놈
저 놈 저 놈 좀 보아
일이고 뭐고 다 팽개치고
문이란 문은 모조리 걸어라
한 발짝도 들이지 마라

둥둥둥 북소리 앞세우고 기세등등氣勢騰騰
날선 창처럼 시퍼렇게
위잉위잉 마당이 지붕이 한꺼번에 들썩인다
반짝반짝 쇳가루들 와와 반란이다

거칠 것 없다는 듯 온 공장을 들쑤실 판이다
한겨울 야외 작업장 콘크리트 바닥이
굿판처럼 난리다

시커먼 먼지 한 움큼 냅다 뿌리고 가는 놈
모래알 짐처럼 지고 와서는 퍼붓고 달아나는 놈
안전화 속으로 꼭꼭 숨어드는 놈
눈치 보는 놈 하나 없는 십이월 야외 작업장
하루에도 몇 번씩 쌩앵쌩앵
깽판이다 굿판이다

슬그머니

 점심시간 보리밥이 나왔는데 보리밥이 좋으냐 쌀밥이 좋으냐 다들 한마디씩 거들었다 어쨌든 이제 보리밥은 먹지 않아도 될 형편인 것만은 확실해 보인다

 내일 일자리가 우째 될는지 앞날이 보리밥같이 퍼석퍼석한 노동자들이 벌이는 보리밥 쌀밥 타령은 입에 밥이 들어가면서 슬그머니 없어졌는데

 밥을 먹는 내내 누구 한 사람 말 한마디 하지 않는 것은, 말 한마디 하지 않아도 다 알고 있기 때문이다

으뜸 원숭이

 밀림이나 동물원에만 원숭이가 있는 게 아니다 안전벨트에 몸을 묶고는 아슬아슬 페인트칠하는 숙자 아지매는 원숭이 중에서도 단연 으뜸 원숭이다 작업대를 오르내리는 속도나 흠이 난 제품에 반듯하게 덧칠을 할 때는 누구도 따라 오지 못한다 남자들도 하기 힘든 일을 거뜬히 해 치우고서는 가뿐하게 땅에 발을 내딛기만 하면, 언제 아슬아슬 제품을 타고 다녔는가 싶게 허리를 곧추세우고는 사뿐사뿐 귀부인처럼 걷는다 아지매 걷는 모습을 처음 보는 사람들은 아지매 별명이 으뜸 원숭이라는 것을 아무도 믿지 않는다

퇴근 무렵

공단 길

은행나무 너머 노을 진다

하루의 끝이다

내내 지친 아버지들

은행잎처럼 노랗다

제4부

그의 등을 쓰다듬어 주었다

쌩쌩 불을 뿜으며 돌아가던
그라인더가 멈추어 섰다

가만히 그의 등을 쓰다듬어 보았다

한 생生이 어둠처럼 왈칵 밀려왔다

쏟아지는 눈물,
오롯이 내 가슴에 고여 출렁이던

다시 맞아야 할 내일이 있다고
쉽게 말하지 못했다

태풍

야자수 허리를 휘감고 내려온

바람 냄새가 진한,

저녁 바닷가

멀리서 어머니가 집으로 돌아오신다

공장 굴뚝 휘감고 내려온

매캐한 바람 냄새를 맡으며, 오래오래 리코 눈이 젖어 있다

먼 바다에서 큰 파도를 앞세운 바람보다

먼저 달려오시는 어머니,

어머니가 한참을 파도 앞에 서 계시다

늦게,

늦게 집으로 돌아가신다

* '리코'는 필리핀에서 온 노동자다.

까맣게 몰랐던 것은

 말갛던 하늘이 갑자기 어두워지더니 번개와 천둥이 치고 소낙비가 쏟아졌습니다 야외 작업장에서 일 하던 김형과 나는 공장 처마 밑으로 부리나케 비를 피했습니다 흠뻑 젖은 생쥐 꼴이 되어 서로 바라보고 웃다가 가만히 생각해 보니, 비 쏟아지는 순간까지 까맣게 몰랐던 것은 우리뿐이었습니다 공장 처마 밑에는 이미 비둘기들 먼저 와 날갤 접었고 그 많던 고추잠자리 하나 보이지 않습니다

적막寂寞

　내내 웅크리고만 있더니 어디를 급히 가시나

　공장 처마에서 야적장野積場을 휙— 가로지르는 비둘기 한 쌍

　기계마저 조는 점심시간 봄 햇살에 스르르 졸고 있던 백목련이 바람 소리에 남쪽 꽃봉오리를 툭— 놓아 버리고는 어쩔 줄 모른다

　떨어진 백목련 꽃봉오리에 내 눈은 오래도록 머물고

일요일

자전거 타고 야외 작업장 한 바퀴 둘러보면
여기저기 작업하다 늘어놓은 제품들도 늘어져 있는데
일요일이라 그런지
내 마음도 조금은 늘어지는데

탱크 위에 아슬아슬 작업하는 김 형
커피라도 한 잔 하자고 소리쳐 불러 놓고
복작복작 페달을 밟으면
체인 소리가 촬촬 내 마음속에 자리 잡는데

이런 날은 공장도 옆구리가 간질간질하여
햇볕이나 즐기다가 지나는 바람에게 시비是非나 걸다가
해지고 바람마저 잦아들면
간질간질하던 옆구리도 썰렁해지리라

사람이라고는 드문드문한 공장
휑하니 한 바퀴 돌고나면

어느새 내 옆구리도 썰렁하여
팔용산에 해 떨어지기를 기다리는데
어디 전화라도 넣어 볼까 망설이는데

일요일 출근해서
조금 여유 있는 마음으로
바람처럼 건들거려 보는데
건들거리며 스스로를 위로해 보는데

고참古參과 신참新參

무어라 무어라, 하자
뭐라 뭐라, 한다

또 뭐라 뭐라, 하자
무어라 무어라, 한다

무슨 암호같이

무어라 무어라,
뭐라 뭐라

앙앙거리는 기계 소리를
사이에 두고

연차휴가

하루쯤 푸욱 잠들어 있어도 좋은

까치들 깍깍거리는 소리도
쏼쏼 화장실 물 내려가는 소리도
쿵쿵거리며 계단을 내려가는 발자국 소리도

멀리하고,

더 이상 오지 않는 평화를 붙들고
안다리 밭다리 호미걸이 들배지기
메치기 밀어 치기에도 끄떡하지 않는
보이지 않는 폭력과
심지어 해고조차도 두렵지 않는

그런 아침이 하루쯤 있어도 좋은

대보름달
— 장정철

 누가 덩그렁 매달아 놓았을까 보는 사람마다 정갈한 마음으로 손 모은다

 다들 정성이 너무 깊어 누구 마음 먼저 받을까 밤새도록 고민하느라 잠도 못 자겠다

 아무래도 천성이 모질지 못하여 이 마음 저 마음 다 받아 주지 못해 자꾸 몸이 야위어지리라

* 장정철 형은 두산메카텍 노동조합 지부장이다.

소음성 난청

서로 몸 부딪혀 울고 우는
쇳들이 내는 소리들

벽에 천장에 기계 사이사이
떨어지기도 하고
편편한 철판에 통통 튀기도 하며
온 공장 바닥 구석구석 굴러다니다
발에 채이기도 하는

처음에는 귀마개로 귀를 막고
그 위에 귀 덮개로 단단히 막아 보지만
점 점 점……
몸을 웅크리고서는 안으로, 안으로 돌돌 말아
단단한 성城을 쌓는

그러다 가슴속에 큰 폭포 하나 키우며
조용해지는

흥정

 팔 것이 하나밖에 없었던 열다섯 살, 내 좌판은 볼품 없었다 주머니들이 원하는 건 싸구려였고, 내 좌판엔 그들의 입맛에 딱 맞는 물건이 놓여 있었다 희망의 80년대를 눈앞에 둔 79년 봄, 여기저기 사고자 하는 이들 앞에 팔고자 하는 싸구려 좌판들이 난전처럼 넘쳐 났다 이때만 해도 좌판의 물건들은 상하지 않았고, 누구나 입맛에 맞는 물건을 살 수가 있었다

 아무리 싸구려 물건이라도 주머니가 열리지 않으면 팔리지 않는다 마산 신포동이나 산호동, 봉암동 같은 작은 공장들은 여전히 키가 작다 키가 작은 곳일수록 흥정은 잦았고 물건들은 싸구려로 팔렸다

 내 좌판에 초라한 몸뚱이 하나 달랑 놓고 주머니를 향해 흥정을 할 때만 해도, 동네 어디를 가나 선반 몇 십 년, 밀링 몇 십 년, 연마 몇 십 년의 반질반질 빛나는 물건들이 놓인 좌판을 심심찮게 볼 수 있었지만, 지금은 아예 좌판

을 등짐처럼 지고 찾아가도 주머니들은 선반 몇 십 년, 밀링 몇 십 년을 달랑 몇 년의 싸구려로 먹으려 한다

 내 좌판에도 몸뚱이야 시원찮지만 몇 가지 물건이 더 늘어나고부터 고민이 쌓인다 아무리 싸구려지만 벌린 좌판을 쉽게 거두지 못한다 하루 종일 제비새끼처럼 좌판만 바라보고 있는 입들 때문이다 공단 거리를 헤매다가 해가 지면 소주잔을 벗하는 날이 많아지지만, 아무리 마셔도 위안 받지 못한 내 몸뚱이는 내일 아침이면, 몇 십 년의 광나는 물건을 몇 년의 어중개비로 팔아야 하리라

 내가 좌판을 거두고 주머니 속으로 들어가도 주머니 속도 불안하기는 마찬가지다 여전히 길거리에는 좌판 위에 소주병을 굴리며, 용접 몇 십 년 제관 몇 십 년을 외치는 이들이 넘쳐 나고, 갈수록 주머니는 열리지 않는다 주머니 안과 밖이 별반 다를 바 없는 것은 흥정조차 할 수 없다는 것이다

정은호

 뜬구름, 뜬구름 하다가 이십대가 지나갔다 머리띠도 묶고 깃발도 흔들고 농성도 하고 징계도 당하고 목소리 높이다가 삼십대가 지나갔다 매실 익을 때면 매실 따고, 모심을 때면 모심고, 벌초 할 때는 벌초하고, 나락 타작 할 때는 타작하고, 아침에도 저녁에도 아이들 걱정에다 아버지 어머니 걱정하며 사십대를 보내고 있다 그의 시는 맑아서 좋다 소주 서너 잔에 얼굴이 붉어지는 속마음까지 하나하나 숨길 줄 모르는 마음이 좋다 지리산을 좋아해서 지리산을 품고 사는 큰마음이 좋다 그는 늘 구름과 바람과 바람 앞에 깃발과 머리띠와 늙은 부모님에 대한 안쓰러움을 지고 사느라 늘 어깨가 무거워 보여 안쓰럽지만 친구로서 해 줄 게 없다

 미안하다

 * 정은호 시인은 함께 방송대를 다녔고 지금까지 문학 활동을 함께 해 오고 있다.

어둠도 때로는

등산로에 단풍잎이 지천이다

지난가을
네 자태는 누구도 부러울 것 없었는데
밟히어 찢어지고 으스러진 상처 위에
산 그림자가 어둠을 몰고 와
가만히 풀어놓는다

때로는 어둠도
포근한 이불이 될 때가 있다

숲

1. 손

쭈글쭈글한 손등이며 앙상한 뼈마디
앞장서 깃발을 흔들던
이걸 좀 보게, 손가락이 펴지질 않아
손가락 사이사이 바람에 실려 오는 시간들이
밤 내내 회상에 젖게 만들어
눈물이 흐르기도 해

시간을 돌려놓을 수는 없어도
이 손 안에 다 보인다네
피, 눈물, 환희, 검은 밤, 질끈 눈 감아도 보인다네
이 손의 내력, 이 손이 부르는 노래
내 손으로 북 치고 징 울리던
내 손으로 쓰여 진 대자보, 피를 끓게 만든 시詩
내 손으로 어두운 밤을 불러 오게 한
내 손으로 내리고 만 깃발들

내 손으로 잡아서는 안 될 손들
그 흔적들

2. 집, 아버지

새들이 지저귀고 답장 쓰듯
휘파람을 불던 바람
자장가 노래 소리에 잠든 아가처럼 평화롭던 구름
고향, 내 고향 산과 들과 공기와 물
나를 무등 태워 뒷산 숲 속으로 데려가서는
숲의 정령精靈들과 이야기하는 법을 속삭이던
아버지,
깊고 아득한 평화 그 고요 속에 녹아 있는
내 최후의 목적지 돌아가야 할 집
나의 울타리

3. 공장

열다섯에 일구기 시작한 숲
바람과 구름과 별과 들판과 푸른 물 대신
매연과 기름과 쇠들과 공구들과 악다구니들이 넘치는
삭막한, 이곳에서 사랑과 함께 이별을 얻었고
동지와 함께 적을 얻었다네
뜨거운 가슴과 함께 차가운 밤을 얻었고
끝없는 수평선과 함께 깊은 계곡을 얻었다네
쉽게 타협하는 작은 가슴도 함께 얻었다네
그러나 숲이 무너져 내리고 있다는 것을
최근에야 알았다네
정령들과 속삭이는 법을 아버지가 왜 가르쳐 주었는지
정령들은 숲에만 있는 것이 아니라는 것을
삼십 년이 넘게 떠돌아다닌 나의 영혼도
서로 속삭이며 어깨 다독이는 기계들의 숨소리도
아늑한 숲 속에서
나의 영혼처럼 휴식이 필요하다는 것을
이제야 알았다네

아련하다

입춘立春에 눈 내리더니
내내 마음 푸근하다

우수雨水 지나고도 한참
공장 담벼락 밑엔
말간 눈雪들 어기영차 버티더니
오늘은 이마가 햇볕에 빛난다

공장 서쪽 너머
철길 언덕에 사는
까치들이 남기고 간 발자국 몇 개
내 지나온 길처럼 아련아련하다

찬란한 아침

 귀뚜라미 울음소리가 맑고 달빛이 은은한 밤이었습니다 더 정확하게 말하면 달빛 아래 가로등 불빛이 발갛게 익어 가고, 귀뚜라미 소리가 쟁쟁한 밤이었습니다 늦은 밤일을 마친 초라한 작업복 사내 몇, 잔디밭에 둘러앉아 종이컵에 촬촬 넘치는 막걸리만큼이나 목소리가 차졌던 모양입니다 목소리가 얼마나 차고 열정이 넘치던지 귀뚜라미들도 숨을 죽였던 것 같습니다 날이 새는 줄도 모르고 민주 노조가 어떻고 목소리 높이다가 출근한 것이 엊그제 일 같은데, 아무리 생각해도 그날 밤 귀뚜라미들 잠 한 숨 자지 못하고 눈이 발개져서 아침을 맞았을 겁니다 그래도 아침 햇살이 얼마나 찬란했겠습니까

가지런한 아름다운

공구통 문을 열자

가지런히 누워 있던 드릴들이 화들짝 눈을 뜬다

그러고 보니 아이들과 눈을 맞춘 지 꽤 되었다

가지런히 가지런히 공구통 속 드릴처럼 한 방에 누워 아침을 맞은 때가 언제였던가

아이들은 가방이 무겁고 나는 날이 갈수록 아이들이 무거워진다

공구통 속 가지런한 드릴들을 쓰다듬어 본다 눈빛이 반짝반짝

너무나 너무나, 가지런하고 아름다운

□ 해설

공장을 팔아 쓴 시

고봉준(문학평론가)

 이것은 낮의 노동이 끝난 밤, 불면의 어둠을 밝혀가며 쓴 한 '노동자—시인'의 시다. 그는 내일의 노동을 준비하는 대신 하루만큼의 문장을 어둠에 새긴다. 노동의 시간 속에서 '삶'은 '공장'이라는 일상적 세계를 껴안고 회전한다. 낮의 세계에서 노동의 주체였던 그가 어둠과 더불어 시작(詩作)의 주체가 된다. 이 불가해한 변신에 대해 묻는다. '당신의 진짜 이름은 노동자인가 시인인가?' 시인이 대답한다. '나는 노동자이면서 시인이다. 둘 모두이다'라고. 하얀 바탕에 검게 각인된 이 먹빛 문자들이 내가 보낸 잠 못 이룬 밤의 흔적들이라고. 노동시는 이처럼 '노동하는 인간'과 '시 쓰는 인간' 사이에 가로놓인 경계가 사라지는 지점에서 발화된다. 때문에 노동시는 온전하게 '노동하는 인간'만의 것도 아니고, '시 쓰는 인간'만의 것도 아니다. 아울러 그것은 '노동'이라는 행위를 대상화하는 글쓰기가 아니며, '공장'이라는 공간의 시적 형상화만도 아니다. '노동자-시인'에게 '공장'은 노동의 공간이면서 삶의 공간이다. 여기에서 노동의 시간과 비(非)노동의 일상적 시간을 구분하는 것은 불가능하다. '공장'은 시의 출발점이면서 삶의 터전이기 때문이다. '공장'에서 시와 삶과 노동은 정확하게 등가이다.

표성배의 시에서 우리의 시선을 붙잡는 것은 단연 '공장'이라는 공간이다. 시집에 실린 대부분의 시편들이 공장을 배경으로 하고 있는 것은 결코 우연이 아니다. 시인에게 '공장'은 결코 포기될 수 없는 삶의 영토이다. 표성배의 시에 등장하는 공장을 계급적 불평등의 공간으로 읽는 것은 불합리하다. 그렇다고 공장이 고되고 치욕스러운 노동을 긍정하기 위해 선택된 이데올로기의 공간도 아니다. 그의 시는 투쟁보다는 일상을, 해방의 비전보다는 고단한 하루의 삶을 응결시키는 방식으로 씌어진다. 그의 시편들에서 '공장'은 노동자를 소외시키는 착취의 공간보다 일상과 노동이, 기계와 인간이, 노동자와 공장이 분할되지 않는 세계의 이미지에 가깝게 그려진다. 이것은 '공장'이 착취 없는 공간이라는 말이 아니다. 여전히 우리의 임노동은 자본의 잉여가치를 재생산하는 착취의 과정일 뿐이며, 산업구조의 변화에도 불구하고 우리의 삶은 자본주의의 착취 구조에서 한 발짝도 자유롭지 않다. 그렇지만 공장을 계급투쟁의 상징적인 공간으로 설정하는 것은 노동을 이데올로기화하는 강력한 독소의 하나인 노동의 낭만화만큼이나 위험하다. 노동이 그렇듯이, 오늘날 계급투쟁은 '공장'이라는 한정된 공간에서만 행해지지 않기 때문이다. 이제 공장은 유일한 적대의 장소가 아니다. 모든 투쟁이 계급으로 설명되는 시대 역시 지났다.

'공장'이라는 상징성의 해체와 적대의 전사회적인 확장은 지금 노동시의 위상 변화를 강제하고 있다. 그렇지만 이 상징성의 해체가 역설적으로 '공장'을 새로운 의미화의 과정으로 이끌어간다. 표성배의 시에서 '공장'의 의미는 이 새로운 의미화에 대응한다. 이제 '공장'은 한편으로는 자본주의적 착취 구조의 일부이면서, 다른 한편으로는 노동과 일상이 혼재하는, 대다수 노동자들의 삶의 터전으로 이해된다. 지난 시대의 노동시가 '노동'을 소외, 착취, 신성함처럼 특권화한 반면, 표성배의 시에서 '노동'은 일상적인 삶의 방식으로 발화된다.

사실, 사십이 되기 전에는 내 시는 나의 밥이었다

알맞게 간이 된 국이었고
젓가락이 자주 가는 반찬이었고
따뜻한 숭늉이었다
내 밥에는 노동자들 머리띠가 붉게 빛이 났고
망치 소리는 경쾌했으며, 팔뚝은 우람했고
가슴은 넓었다

내 밥에서 몸을 웅크리고 있는
선반 가공 경력, 밀링 가공 경력, 용접 경력을
우연히 마주치기 전까지는 그랬다

당당했던 내 밥이 이력서에서도 자꾸 작아지더니
언제부턴가 현관문을 열고 닫을 때도
스스로 열 수가 없었고
아이들 학적부 귀퉁이를 차지한
부모 직업란에서도 꼬리를 감추었다

내 밥이 눈에 보이지 않게 될 때쯤
믿었던 친구들도 금기처럼 묻지 않고
오히려 위로를 건넸다

― 「밥」 부분

시가 '밥'이라면, 밥의 기원은 공장이다. 그렇지만 사십을 기점으로 그 이전과 이후의 '밥'은 사뭇 다른 형태를 띠고 있다. 사십 이전의 밥에선 "노동자들 머리띠가 붉게 빛이 났고/ 망치 소리는 경쾌했으며, 팔뚝은 우람했고/ 가슴은 넓었"던 반면, 사십 이후의 밥에선 '노동'이 "아이들 학적부 귀퉁이를 차지한/ 부모 직업란에서도 꼬리를 감추었다"처럼 더 이상 자랑스러운 이력이 되지 못한다. 노동문학의 입지가 좁아지고 노동운동의 선도성이 희석되면서 자연스럽게 공장과 노동이 차지하는 의미 또한 줄어든 것이다. 시인은 이 역사적·실존적 위기를 '밥'의 왜소화에 비유한다. 확실히 이념의 선명함을 잃어버린 시대에 노동시의 새로운 돌파구는 쉽사리 발견되지 않는다. 그렇지만 시인은 오늘도 '공장'을 팔아 시를 쓴다. 일상의 대부분을 공장에서 보내는 노동자에게, 열다섯 나이에 공장 생활을 시작한 시인에게 '공장'과 '노동' 이외에 달리 팔 수 있는 것이 무엇일까. "팔 것이 하나밖에 없었던 열다섯 살, 내 좌판은 볼품이 없었다."(「흥정」)라는 구절이 암시하듯이 공장에서의 노동은 삶의 시간을 매매하는 흥정일 수밖에 없다. 그런 노동자—시인이 시를 통해서 '공장'을 판다.

'공장'과 '노동'의 일체, 그것은 노동시의 태생적인 조건 가운데 하나이다. 한때 '공장'은 특별한 계급적 공간이었지만, 이제 '공장'은 노동하는 삶이 영위되는 숱한 공간들 가운데 하나이다. '공장'에선 오늘도 크고 작은 사건이 끊이지 않고 발생한다. 비둘기 한 마리가 무심히 프레스 위에 앉았다 잘리고, 부서지고, 깨어진다. 베트남에서 온 이주노동자가 숙련된 솜씨로 그라인더 작업을 한다. 때로는 가접해 놓은 파이프가 떨어져 김반장의 다리가 부러지고, 크레인 후크에 받혀 제관공 정형의 어깨가 부서지기도 한다. 한 열사의 뜨거운 죽음이 있고, 동료의 주검을 둘러싸고 애도하는 사건이 있고……. 노동자의 공장 생활과 열악한 노동환경은 21세기라는 역사적 시간을 비웃기라도 하듯이 과거에 멈춰 있다.

그렇다면 왜 하필 '공장'이어야만 했을까? 추측컨대 이 질문은 두 가지 의미로 해석될 수 있다. 먼저, 오늘의 노동시가 '공장'이라는 상징적 공간에서 벗어나야 한다는 요청으로 읽을 수 있다. 공장이 돈이 되지 않는 현실, 그것은 '공장'이 시적 대상으로서의 매력을 상실했다는 것을 의미한다. 다음으로, 오늘의 노동시가 '공장' 밖에서 영위되는 일상적 시간에 주목해야 한다는 요청으로 읽는 것도 가능하다. 이 경우 임노동의 속박된 시간과 일상적인 세속의 시간은 분리되어 사고되어야 하며, 우리 시대의 노동시는 공장 바깥의 일상을 포착해야 한다는 요구에 직면하게 된다. 그렇지만 노동자에게 '공장'과 '일상'은 분리될 수 없으며, '공장'과 '노동'이 삶의 중심인 존재들에게 '공장'

에 관한 시를 포기하라고 요청하는 것은 올바른 제안이 아니다. 시인은 자신이 공장을 파는 이유를 두려움에서 찾는다. '공장'에 대해서 말하지 않으면 공장이 잊히고 말 것이라는, 세상 안에 존재하지만 결코 세상의 일부가 되지 못할 것이라는 암울함이 그로 하여금 공장에 관한 시를 쓰게 만든 것이다. 그러나 다음 순간, 시인은 이 진술을 고쳐 말한다. 그것은 "공장 안에서 기계를 돌리고 망치질 하는 그들, 그 애틋한 눈망울이 읽히지도 팔리지도 않는 공장 이야기지만 포기해서는 안 된다고 말하는 그들" 때문이다. 형식상 두 개의 진술은 하나가 다른 하나를 부정하는 방식을 취하고 있지만, 실제로 이 진술들에는 미묘한 감정의 착종이 자리 잡고 있다. 때문에 뒤의 진술은 앞의 진술에 대한 부정이 아니라 본질적인 이유이자 한층 강조된 의미로서 등장하고 있다고 읽어야 한다.

 그렇지만 여기에는 더 본질적인 문제의식이 자리하고 있다. 그것은 두려움의 대상인 '공장'이 공간적인 의미에 가까운 반면에 '그들'로 대표되는 공장 안의 삶은 한층 인간적인 면모를 띤다는 사실이다. 이것은 결국 '공장'에 대한 애정이 공간에 대한 관심이 아니라 노동하는 인간의 삶에 대한 관심과 연대의 시선에서 출발하고 있음을 의미한다. 공장에 관한 우리의 통념은 높은 굴뚝과 즐비하게 늘어선 기계가 전부이다. 이러한 상상력 속에서 기계에 들러

붙어 노동하는 인간은 기계의 일부처럼 인식되기 마련이다. 시인은 이 삭막한 기계적 공간에서 인간적인 삶의 온기를 끄집어냄으로써 공장을 삶의 공간으로 바꿔 놓는다.

'공장'은 노동시의 운명적인 출발선이다. 그렇지만 개별 노동시의 특이성을 결정하는 것은 '공장'을 파는 행위 자체가 아니라 파는 '방식'의 차이이다. 노동시에서 '공장'은 결코 단 하나의 표정이 될 수 없다. 표성배의 시에서 '공장'은 삶과 서정이 응축된 공간이다. 그의 시에서 우리가 목격하는 노동자들은 혁명의 전위가 아니라 하루하루 힘들게 삶을 지탱하고 있는 사내들이다. '공장'이라는 강철의 세계에서 '서정'이라는 감성의 세계를 발견하는 이 감각의 힘이야말로 표성배 시의 가능성이자 노동시의 새로운 진전이다. 이제, '공장'은 더 이상 생산과 계급의 표상이 아니다. 시집 곳곳에서 확인되는 노동하는 인간에 대한 애정과 생명 일반에 대한 미안함은, 서정과 공장의 결합이 지향하는 방향을 암시하고 있다. 특히 이러한 결합이 노동하는 인간에게서만 목격되는 노동시적 상상력을 구축하고 있는 장면들에서 우리는 그의 시가 성취한 미학적 가치를 실감하게 된다. 가령 시인은 「살사리꽃」에서 살사리꽃("여린 한 줄기의 삶")이 "건듯 부는 바람에 온몸으로 맞서는" 장면을 '고된 노동'에 비유한다. 바람에 흔들리는 연약한 생명을 인간 일반에 비유하는 것과 노동하는 존재에 비유하는 것은 근본적으로 다른 발상법이다. 전자가 생명으로서의 인간 일반에게 해당되는 가치에 가깝다면, 후자는 노동하는 삶을 살아가는 존재들만이 공감할 수 있는 비유체계이기 때문이다. 또한 「망치의 노래」에서 시인은 요란하게 울려 퍼지는 망치 소리를 피아노와 바이올린 소리로 감각한다. 80년대의 노동시에서 망치소리는 생산과 투쟁의 구호인 행진곡의 일부였던 반면, 여기에서 시인은 그 망치소리를 '마음'을 녹아내리게 하고, '몸'을 부드럽게 쓰다듬는 바람의 선율로 지각한다.

노동시적 상상력은 「파업」과 「퇴근 무렵」에서 절정에 달한다. 「파업」의 시적 상상력을 지배하는 것은 벚꽃 잎들이 급작스럽게 떨어지는 형상과 일제히 망치를 내려놓는 파업 행위의 유사성이다. "바람 불자 벚꽃 잎들/ 우수수─/ 떨어졌다// 일제히 망치를 내려놓듯"(「파업」 전문) 낙화라는 자연적 현상과 파업이라는 인간적 행위가 '떨어졌다'와 '내려놓듯'이라는 하강의 이미지에 의해 연속성을 획득하는 것이다. 이미지의 연속성에 의해 시적인 상상력이 성취되는 장면은 「퇴근 무렵」에서도 동일하게 확인된다. "공단 길// 은행나무 너머 노을 진다// 하루의 끝이다// 내내 지친 아버지들// 은행잎처럼 노랗다"(「퇴근 무렵」 전문) 이 시에서 하루의 끝을 의미하는 '노을'과 은행잎처럼 노랗게 물들어 퇴근하는 '아버지들'의 얼굴은 이미지의 연쇄를 형성한다. 실제로 표성배의 시 대부분에서 이러한 이미지의 연쇄와 유사성의 인식이 눈에 띄는데, 시집 전체에서 그것은 두 개의 계열을 형성하고 있다. 그 두 계열 가운데 하나는 '코스모스'와 '어머니'에서 운명의 형식적 유사성을 읽어내는 「살사리꽃」과 같은 작품들이고, 또 하나는 단정하게 놓여 있는 기계와 아침 점호를 받는 노동자에게서 감각적인 유사성을 읽어내는 「점호」와 같은 작품들이다. 어느 쪽을 선택하든 표성배의 시는 서정과 공장의 결합을 통해서 노동자적인 상상력을 촉발시키며, 그 촉발의 시적 에너지는 유사성의 발견에서 기원하는 듯하다.

> 그가 배운 유일한 일은
> 쇠와 쇠를 붙이는 일인데
> 쇠와 쇠를 붙이는 일은 쇠와 한 몸이 되는 일인데
> 정작 자신은 어디에도 붙지를 못했다
> …(중략)…
> 그가 위 쇳덩이에서
> 아래 쇳덩이 위에 떨어져 눕자
> 위 쇳덩이와 아래 쇳덩이는
> 그가 불을 지펴 놓은 용접봉처럼

불꽃을 피우기 시작했다

그의 몸뚱이에서 흘러나온 피는
위 쇳덩이와 아래 쇳덩이에
혈관처럼 살아 꿈틀거리며
뼈가 된 용접봉을 타고 흘렀다

그와 쇳덩이는 비로소 한 몸이 되었다

─「한 몸」부분

  이것은 "쇠와 쇠를 붙이는" 용접의 시가 아니라 "위 쇳덩이와 아래 쇳덩이"가 한 노동자의 주검을 태우는 화장의 시이다. 이 시를 지배하는 정서는 용접의 열렬함이 아니라 화장의 비장함과 비애감이다. 여기에서도 시인은 비장한 죽음 앞에서 용접과 화장 사이의 유사성을 읽고 있다. 이 시에서 '용접'은 비단 주검으로 누워 있는 노동자의 직업만을 가리키지 않는다. 시인은 쇠와 쇠를 붙이는 작업, 즉 '용접'에 "쇠와 한 몸이 되는 일"이라는 새로운 의미를 추가한다. 쇠와 한 몸이 되는 일이란 무엇일까? 추측컨대 그것은 "나도 몰래 고개를 끄덕이게 하고/ 나도 몰래 다리를 흔들게 하고/ 나도 몰래 온몸에 활기를 넘치게 하는"(「망치의 노래」)처럼 노동을 대상화가 아니라 선율로 받아들이는 것인 듯하다. 그러나 아이러니하게도 쇠와 쇠를 붙이는 용접공이었던 그 노동자는 정작 어디에도 자신을 붙이지는 못한 고독한 존재였다. 그런 그가 화장의 순간에야 비로소 쇳덩어리와 한 몸이 된다는 것 자체가 아이러니이다. 최초의 한 몸이 하필이면 자신의 육신을 뜨겁게 태우는 쇳덩이와의 일체인 것이다. 그렇지만 이 일체는 물리적인 차원에서 벌어지는 현상을 기술한 것이 아니다. '용접'에 관한 인식의 전환과 확장이 이것을 가능하게 하고 있다. 시인은 화장기계를 구성하고 있는 두 개의 쇳덩이 사이에 누워 있는 노동자의 육체, 그리고 그 육체를 태우는 불꽃에서 용접의 순간을 본다. 그리고 이 용접의 순간에서 한 용접공의 몸이 온전히 쇠와 하나가 되는 것을 목격한다.

'한 몸'이란 두 개의 대상이 분리되지 않는, 즉 어느 하나가 다른 하나를 '대상'화할 수 없는 관계를 의미한다. 그러므로 '한 몸'은 대상의 소유가 아니라 삶을 통해서 형성되는 일체감을 가리킨다. 시인은 '용접'을 통해서 노동자와 쇠의 일체를 형상화했던 '한 몸'의 사유를 「그림자」에서는 '공장'과 '노동자'의 관계에 적용한다. "날마다 공장에 출근하면서도 나는 공장에 없다"라는 인상적인 구절로 시작되는 이 시의 핵심적인 문제의식은 "사실, 단 하루도 출근하지 않은 적 없지만 나는, 출근 한 적도 없다"라는 종결부에서 확인되듯이 '공장'과 '나'의 실존적 분리이다. '출근'이 제도와 형식의 문제라면, '한 몸'은 다분히 실존적이다. 제도와 형식의 차원에서 공장에 접근할 때, 공장은 기계와 인간이 드나드는 황량한 공간에 불과하다. 설령 그 공장 안에 머문다고 할지라도 거기에는 노동하는 인간의 자의식과 실존이 함께하지 않는다. 때문에 공장은 결코 마음을 내려놓을 수 없는 일시적 장소에 불과하다. 언제든 공장 밖이 더 아름답고 화려하다고 생각되면 미련 없이 떠날 수 있는 그런 장소. "공장 밖이 광고판처럼 빛날수록 안은 그만큼 어두웠"다라는 진술은 이런 일시적 장소로서의 공간을 의미한다. 그렇지만 여기에서 시인은 공장을 노동자의 실존과 삶이 뿌리내리는 터전으로 사유한다. 따라서 이 의식 안에서 공장은 벗어나야할 절대악의 세계도, 장악해야 할 해방의 기지도 아니다. 시인은 이 상태를 공장과의 '한 몸'이라고 명명한다. '한 몸'이라고 느낄 때, 거기에는 무엇보다 '삶'이 걸려 있다.

그런데 이러한 시적 인식에는 대부분의 노동시에서 두드러지는 열악한 노동환경에 대한 고발이나 불합리한 현실에 대한 분노가 보이지 않는다. 분명 여기에는 그 분노를 표출하고 현실을 고발하려는 이념과 의식의 자리가 없다. 물론, '공장'이라는 노동의 공간을 배경으로 현실과의 적대를 드러내는 시편들이 없지는 않지만, 그 적대의 장면들이 이념의 선명성을 수반하는 경우는 확인되지 않는다.

열다섯에 일구기 시작한 숲
바람과 구름과 별과 들판과 푸른 물 대신
매연과 기름과 쇠들과 공구들과 악다구니들이 넘치는
삭막한, 이곳에서 사랑과 함께 이별을 얻었고
동지와 함께 적을 얻었다네
뜨거운 가슴과 함께 차가운 밤을 얻었고
끝없는 수평선과 함께 깊은 계곡을 얻었다네
쉽게 타협하는 작은 가슴도 함께 얻었다네
그러나 숲이 무너져 내리고 있다는 것을
최근에야 알았다네
정령들과 속삭이는 법을 아버지가 왜 가르쳐 주었는지
정령들은 숲에만 있는 것이 아니라는 것을
삼십 년이 넘게 떠돌아다닌 나의 영혼도
서로 속삭이며 어깨 다독이는 기계들의 숨소리도
아늑한 숲 속에서
나의 영혼처럼 휴식이 필요하다는 것을
이제야 알았다네

-「숲」부분

시인은 '공장'에 관한 이야기에 '숲'이라는 제목을 달아 놓았다. 그는 일체의 자연물 대신 "매연과 기름과 쇠들과 공구들과 악다구니들"이 넘치는 공장에 최소한의 안온함을 선물하고 싶었던 것일까? 그렇지 않다. 시인이 열다섯에 시작된 자신의 노동에 '일구다'라는 술어를 부여했다는 사실에 주목하자. 시인에게 '공장'은 "삭막한, 이곳에서 사랑과 함께 이별을 얻었고/ 동지와 함께 적을 얻었다네"처럼 모든 것을 얻는 공간이다. 그가 공장에서 얻은 항목들을 모두 나열하는 것은 무의미하다. 시인의 삶 모두가 '공장'에서 얻은 것들이며, '공장'은 곧 삶의 터전이기 때문이다. 80년대의 노동시가 '공장'을 잃어버리는 공간, 즉 착취와 강탈의 공간으로 표상한 데 반해, 표성배의 시는 '공장'을 얻는 공간으로 형상화하고, 지난날의 노동시가 '공장'을 계급투쟁과 혁명의 학교로 명명한 데 반해, 표성배의 시는 '공장'을 삶, 즉 생명의 시·공간과 일체화한다.

그렇지만 '숲'과 '공장(삶)'의 연관성이 '일구다'라는 공통의 술어에만 있을까? 숲은 일굼의 대상 이전에 생명의 공간이다. 이 시에서 숲은 "고향, 내 고향 산과 들과 공기와 물"처럼 삶의 원형적인 장소(topos)이고, "내 최후의 목적지 돌아가야 할 집/ 나의 울타리"처럼 실존의 거처이며, 열다섯부터 일구기 시작한 삶의 세계를 상징한다. 이 원형적인 세계인식 안에서 '공장'이라는 삭막하고 치열한 삶의 시간이 자연의 부드럽고 안온한 이미지와 결합된다. 이처럼 공장을 기계의 공간이 아니라 삶의 공간, 생명의 공간으로 전유할 때, '숲'은 개체성이 부정되지 않는, 집합적 개체의 세계가 된다. 그러므로 이 시는 숲이 "무너져 내리고 있다"라는 위기의 산물이 아니라 "정령들이 숲에만 있는 것이 아니라"는 새로운 인식의 산물로 읽어야 한다. 이 인식 안에서 인간과 인간, 인간과 기계의 위계는 사라진다.

표성배의 시에서 공장은 인간의 공간이지만, 또한 인간적인 유대감을 뛰어넘어 서정성을 향해 개방된 공간이기도 하다. 우리는 그의 시에서 공장을 삶의 터전으로 살아가는 숱한 인물들과 마주친다. 그 인물들의 기원에는 노동자의 운명을 아들에게 대물림한 아버지가 있다. 또 노동운동 속에서 죽어간 열사들이 있고, 베트남 노동자, 협력업체 김반장, 제관공 정형, 숙자 아지매, 필리핀 노동자 리코, 야외 작업장 김형, 장정철 형, 정은호 시인처럼 평범한 인간 군상들이 자리하고 있다. 그렇지만 몇몇 작품들을 제외하면, 표성배의 시에서 '인간'과 '자연'과 '기계' 사이에는 특별한 위계가 존재하지 않는 것처럼 보인다. 이것은 인간이 보잘 것 없다는 말이 아니다. 생태학적인 상상력이 인간의 위상을 낮춤으로써 위계화를 거부한다면, 노동의 상상력은 기계의 위상을 높임으로써 위계화에서 벗어난다. 표성배의 노동시에서 '기계'는 인간만큼 친밀한 대상이다. 하여, 공장은 인간의 공간이자 기계의 공간이며, 나아가 자연의 공간이기도 하다.

「점호」와 「컴프레서 울음소리」에서 기계는, 그것이 비록 인간적인 비유에 의해 포착되고 있다 할지라도, 노동자와 동일하게 공장을 점유하고 있는 대상으로 그려진다. 물론, 공장이라는 조건 속에서 인간들의 관계는 '기계'에 의해 매개되는 경우가 많다. 프레스 해체작업 과정에서 쏟아진 오일에서 노동자들의 피의 연대기를 읽어내는 「노동자 연대기」가 대표적인 경우이다. 시인은 프레스 기계를 인간 신체에 비유하여 해체 과정을 마치 해부하듯이 그려낸다. 각종 기계장치를 뜯어내고 들여다본 기계 안에서 시인은 오랜 시간을 함께 견뎌온, 그렇지만 결코 하나의 삶이라고 말할 수는 없는 어떤 풍경을 목격한다. "속이 텅 비어 버린 본체 밑바닥에는 매니큐어를 바른 여자 손가락 손톱이 두꺼운 남자 손가락 아예 목장갑을 낀 손목과 피부색이 다른 손들이 서로서로 꼭 붙들고 있는 모습이 편안해 보여 오히려 장엄하기까지 했다" 다소 환상적으로 표현된, 그렇지만 결코 노동 현실과 무관하지 않은 이 장면에서 프레스에 절단된 노동자들의 손과 피는 기계에 결부된 노동자의 연대를 지시한다. 공장이란 기계를 매개로 한 노동자의 관계이고, 그 관계의 시간이 축적되는 곳이다.

그러나 표성배의 시는 인간과 인간, 인간과 기계의 관계만큼이나 '자연'에 관심을 쏟고 있다. 그의 시편들은 기계적 상상력보다는 자연과의 관계를 사유하는 전통적인 서정의 어법을 따르는 경우들이 많다. 가령 공장 야적장의 웅덩이에 내려앉은 잠자리 한 쌍을 위협하며 트랜스포트가 지나가는 장면에서 미안한 감정을 표출하는 「참 미안하다」, 공단 해안을 질주하는 퇴근길의 승용차와 은빛 비늘을 반짝이며 튀어 오르는 숭어 떼를 몽타주하고 있는 「기찬 날」, 공장 노동에서 만물에 대한 애틋함을 이끌어내는 「농사일 공장일」, 길을 달리는 공장의 그늘진 곳에 놓인 안전화 한 짝과 위안의 말을 주고받는 「입동」 등에서 확인되듯이, 인간을 둘러싸고 있는 자연에 대한 시인의 애정은 가히 전방위적이다. "사람이든 꽃이든 새든/ 가만히 들여다보면 가엾지 않은 것이 없다"라는 시인의 말이 새삼 실감되는 대목이다. 여느 노동시와 달리 표성배의 시가 순도 높은 서정성을 유지하고 있는 까닭도 여기에 있다.

이 서정성이 경쾌한 장조가 아니라 단조로 발화되고 있다는 것, 더불어 인간과 사물에 대한 시인의 감정이 '미안함', '애틋함'처럼 높은 위치에서 발성되지 않는다는 사실에 주목하자. 존재론적 수평성이 가리키는 것은 소외된 존재, 주변적인 것에 대해 연대의 손을 내미는 것이다. "아무도 관심 가져 주지 않는 외침이다/ 그래도 놓아서는 안 될 동아줄이다"(「빗방울이 떨어진다」) 결국, 공장이란 이 주변적인 존재들이 하나가 되어 각각의 삶을 꾸려나가는 숲과 같은 공간이다. 다시, 공장이다. 아니다. 이 문장은 '여전히 공장이다' 라는 문장으로 바뀌어야 한다. 이때, '공장'은 인간의 공간이면서, 우리가 상상할 수 있는 모든 것의 공간이다.